JULES MOREL

# Ch. OUIN-LA-CROIX

## SA VIE ET SES OEUVRES

*De cruce nomen et honos.*

ROUEN

| LIBRAIRIE SCHNEIDER | LIBRAIRIE FLEURY |
|---|---|
| 26, RUE JEANNE-D'ARC | PLACE DE L'HÔTEL-DE-VILLE, 23 |

DIEPPE

LIBRAIRIES RAINVILLÉ ET LEBLANC

1880

# CH. OUIN-LA-CROIX

## SA VIE ET SES ŒUVRES

JULES MOREL

# CH. OUIN-LA-CROIX

## SA VIE ET SES ŒUVRES

*De cruce nomen et honos.*

ROUEN

LIBRAIRIE SCHNEIDER     LIBRAIRIE FLEURY
26, RUE JEANNE-D'ARC     PLACE DE L'HÔTEL-DE-VILLE, 23

DIEPPE

LIBRAIRIES RAINVILLÉ ET LEBLANC

—

1880

# PRÉFACE

En écrivant la biographie de Ouin-la-Croix, j'ai voulu payer à l'écrivain et à l'homme le tribut d'amical souvenir que je devais à son affection. J'ai fait sans passion l'historique complet de sa vie, et si j'ai l'occasion de mettre plusieurs fois à jour dans ce récit quelques faits d'un régime disparu, le lecteur ne devra trouver dans ces pages aucune allusion, aucune appréciation pouvant blesser les susceptibilités des uns, flatter les espérances des autres.

Car j'ai voulu avant tout être exact et joindre aux respectueuses expressions de Ouin-la-Croix l'impartiale narration de l'écrivain. Il ne faudra donc pas se recrier si quelque passage biographique se rattache incidemment à quelque fait historique. On saura, je l'espère, tenir compte que ce personnage, dont j'ai retracé l'existence, appartenait au régime impérial et par ses titres et par l'attachement d'une juste reconnaissance.

Jules MOREL.

# OUIN-LA-CROIX

---

## SA VIE ET SES ŒUVRES

---

*De cruce nomen et honos.*

Charles Ouin-la-Croix est né le 28 novembre 1817 à Manneville-ès-Plains, canton de Saint-Valery-en-Caux, arrondissement d'Yvetot, en Normandie.

Son père, Borromée Ouin-la-Croix ; sa mère, née Reine Bazire, jouissaient d'une modeste aisance et occupaient près de l'église une antique maison en grès de forme gothique imitant presque une chapelle et bâtie au XV$^e$ siècle par les abbesses du célèbre couvent de Montivilliers, qui possédaient à Manneville de vastes et riches domaines.

Ouin-la-Croix commença ses études à l'école communale, sous la direction de Deniéport, alors instituteur. L'abbé Vallée, curé de la paroisse, ayant reconnu chez le jeune Charles des dispositions particulières, proposa à ses parents de lui enseigner le latin. Devenu quelque temps après curé de Hautot-l'Auvray, l'abbé Vallée emmena avec lui son petit latiniste. Guidé par une main sûre, aidé par une étonnante facilité, le jeune homme fit de rapides progrès ; ses aspirations vers le sacerdoce se manifestant de plus en plus, ses parents le placèrent en 1829, au séminaire de Saint-Aignan, près Rouen, récemment fondé et dirigé par l'abbé Troude, homme de grande science et de haute vertu. Ses professeurs reconnurent et développèrent avec une amicale sollicitude les bonnes qualités de leur élève qui, jusqu'au dernier jour, leur en est fidèlement resté reconnaissant.

Pendant le cours de ses études, le jeune séminariste obtint souvent les premières places, remporta en seconde et en rhétorique les prix de narration, de discours et d'excellence, puis ses humanités achevées se rendit à Paris, où il suivit, pendant deux ans, les cours de la Sorbonne et du Collége de France ; il habitait rue Saint-Jacques, une petite chambre à l'hôtel de Tonnerre.

Mais Paris, ses merveilles et ses monuments aux styles de tous les temps et de toutes les nations, ne suffisaient plus à l'insatiable envie de connaître de notre jeune étudiant. Pressé par un ardent désir d'apprendre, le jeune Charles résolut d'aller à Rome pour y suivre les études théologiques, vers lesquelles son goût et sa vocation l'avaient depuis longtemps déjà irrévocablement fixé. Ses excellents parents furent d'abord effrayés d'une détermination aussi hardie ; les chemins de fer n'existaient point, ces voyages étaient longs et dispendieux, Rome semblait aux confins du monde ; mais les instances pressantes et la virile résolution du jeune homme surmontèrent toutes les résistances, et le voilà parti avide et joyeux vers la ville éternelle. Passant à travers la France que les géographies seules lui avaient fait connaître, il vit avec bonheur nos brillantes régions méridionales, visita avec empressement Lyon, Avignon, Marseille, où il s'embarqua pour l'Italie dans les premiers jours du mois de novembre 1837.

Civita-Vecchia, port des Etats pontificaux, suspendit par une quarantaine sa marche impatiente ; mais cet obstacle disparut comme les autres. Il tressaillit d'une bien vive joie, notre jeune voyageur, lorsqu'à son entrée dans la campagne romaine, il découvrit de loin le dôme de Saint-Pierre : ses longs et ardents désirs étaient enfin accomplis.

Admis comme *convittore* au séminaire papal, il y vécut près de quatre années. S. S. le Pape Grégoire XVI, visitant la *Pariola*, maison de campagne du séminaire, remarqua le jeune Français qui l'avait amusé par quelques traits de son caractère national ; le rôle de *Romito* (Ermite) joué par Charles, charma tellement le Pape que, dans la suite, il ne l'appela plus que *Romito*.

Un jour qu'il passait en grand apparat sur le pont Saint-Ange, le Pape reconnut et salua Charles au milieu de la foule d'un geste gracieux et tout paternel.

Bien souvent, dans nos longs entretiens, Ouin-la-Croix me rappela cette particularité, qui était restée comme un des plus beaux et meilleurs souvenirs de sa carrière accidentée.

Lorsque Charles quitta Rome, Grégoire XVI le reçut en audience particulière et lui remit de sa main une magnifique médaille à son effigie.

Ordonné prêtre dans la basilique de Saint-Jean-de-Latran par le cardinal Della Porta Rodiani, et créé docteur en théologie de l'Université *della Sapienza* par le cardinal Justiniani, Charles pensa à reprendre le chemin de la patrie, emportant de Rome les meilleurs témoignages de ses maîtres. Comme je le disais quelques lignes plus haut, Ouin-la-Croix, quelques jours après son ordination, obtint le diplôme de docteur en théologie, les examens eurent lieu dans une des salles de l'Université ; sa thèse latine avait pour objet : La démonstration des principales marques de l'Eglise catholique.

Je me souviens avec quelle expression naturelle de juste fierté il mettait sous mes yeux les différents diplômes qui avaient couronné ses efforts, et les notes précieuses et toujours supérieures que lui avaient valu ses hautes capacités, son intelligence et son assiduité ; au moment où il laissait l'Italie, ses professeurs lui donnèrent une preuve éclatante de leur vive satisfaction en joignant aux attestations de ses directeurs des certificats particuliers remplis d'éloges mérités, et qui sont restés les parchemins d'honneur de ce travailleur résolu.

Pendant son séjour à Rome, Charles visita avec le plus grand soin les monuments anciens et modernes; il parcourut bien des fois la fameuse Voie sacrée, examinant avec sa passion pour les lignes architecturales l'arc de Septime-Sévère, le temple de Faustine, celui de Romulus, et le temple de la Paix, l'arc de Vespasien, le Colisée, l'arc de Constantin, les jardins de la maison dorée de Néron, en un mot, les ruines de toutes les anciennes constructions de Rome païenne.

La coutume du séminaire papal étant de visiter chaque jour quelque sanctuaire, Charles trouva une heureuse et facile occasion de connaître toutes les églises de Rome. Saint-Pierre, Sainte-Marie-Majeure, Saint-Paul, situé hors des murs de la ville et une foule d'autres sanctuaires célèbres lui étaient devenus presque aussi familiers que la modeste église de son village natal.

Avant de laisser la ville des Empereurs et des Papes, Ouin-la-Croix voulut compléter les études de la grande cité par un coup d'œil de ses environs; il visita *Tivoli*, la *cascade de l'Anio*, le *palais de Mécène*, la *villa d'Adrien*, *Frascati*, le *mont Jovien*, les tombeaux *des Horaces* et *des Curiaces*, les bouches *du Tibre* et la fameuse *cascade de Term*; que de souvenirs et de pensées superbes pour cette vive imagination !

De Rome, Ouin-la-Croix se rendit à Naples, où

il visita deux fois le mont Vésuve, de jour et de
nuit, les villes d'Herculanum et de Pompéï, le tombeau de Virgile, le lac Averne, le monticule sur
lequel croissait et se récoltait le fameux *falerne*
d'Horace.

Traversant les montagnes des Abruzes, Ouin-
la-Croix visita Ferrare, Padoue et la mélancolique
Venise ne furent point oubliées ; le *palais des
Doges*, l'église et la place Saint-Marc, les gon-
doles tendues de noir et sillonnant sans bruit les
nombreux canaux de la reine de l'Adriatique, ses
nombreux palais et ses somptueuses églises excitèrent vivement l'attention du jeune voyageur.

Prenant un des bateaux de la Compagnie autri-
chienne, il se rendit à Trieste, ville neuve, rivale
de Venise, majestueusement assise aux bords de la
mer Adriatique, et visitée déjà par les nombreux
navires de toutes les nations. De Trieste, Ouin-la-
Croix poursuivit sa route à travers les montagnes
du Tyrol, dont les sites différents et pittoresques
charmèrent son attention, visita Vienne, la capitale de l'Autriche, Prague, capitale de la Bohême,
Leipsick, si fameuse par sa foire aux *livres*, Berlin
et Magdebourg, aux puissantes fortifications ; puis,
traversant la Hollande, il s'embarqua pour Londres
à Rotterdam.

Après quelques semaines de visite active de tous
les quartiers de la capitale du Royaume-Uni, il re-
prit par Folkestone le chemin de la France et ren-
tra satisfait dans le sein de sa famille, à laquelle cet

heureux retour fit éprouver de bien douces émotions.

Les bons habitants de la commune natale, en apprenant son arrivée, n'attendirent pas au lendemain à venir le saluer et lui offrir leurs félications amicales; désireux de voir un voyageur [qui arrivait de Rome, ils vinrent en foule à sa maison, et comme il était nuit (il m'a bien souvent rappelé cette anecdote), il fallut, pour satisfaire leurs impatients désirs, qu'il se plaçât entre deux flambeaux sur le seuil même de sa maison. Son père, sa bonne et vertueuse mère pleuraient d'attendrissement et de joie à la vue des amitiés sincères qui les entouraient, en contemplant leur fils, dont les nécessités d'une vocation bien arrêtée les avait si longtemps tenus séparés.

· Huit jours après son retour, Son Eminence le cardinal prince de Croÿ, archevêque de Rouen, qui avait déjà reçu Ouin-la-Croix avec grande bienveillance lors de son passage par Rouen, lui fit connaître qu'il le nommait vicaire de Saint-Maclou de Rouen, la première paroisse de Rouen et du diocèse. Cette nomination si prompte et si pleine de promesses fut considérée par les amis du fortuné voyageur comme un honneur et une récompense. Le vénérable curé Grésil, ancien prêtre de l'émigration, reçut son jeune vicaire avec faveur, l'installa immédiatement dans ses fonctions en lui assignant un très-beau logement dans l'enceinte même du presbytère.

Charles Ouin-la-Croix eut la joie de trouver parmi ses paroissiens son oncle paternel et sa tante, qui l'avaient aidé de leurs conseils et de leurs moyens dans son voyage de Rome ; il fut heureux de cette circonstance , qui lui permettait de leur prouver chaque jour les délicates attentions de sa reconnaissance. De leur côté, ils l'entourèrent de leur affectueuse sollicitude, et l'aidèrent à s'accoutumer à son nouveau séjour. Il retrouva aussi parmi ses collègues de vicariat un de ses meilleurs camarades de classe, l'abbé Gernez, fidèle ami, excellent confrère.

Ouin-la-Croix s'occupa activement de son ministère, secourant dans la mesure de ses forces les pauvres si nombreux et si tristement renommés de Saint-Maclou.

De concert avec M. Foulogne-Lecoq, honorable manufacturier de Martainville, avec l'aide du professeur Levy, des docteurs Delabrosse et Gressent, Ouin-la-Croix fonda la Société de Saint-Joseph ; docteurs et professeur secondèrent vivement ses pensées et ses vœux en voulant bien donner aux ouvriers des leçons intéressantes de physique et de médecine usuelles ; le père Michel, jésuite d'érudition sérieuse, captivait dans les instructions l'attention des ouvriers que ses récréations morales et sans entraînement retenaient dans la voie de l'honnêteté et du travail.

Quelques années plus tard les efforts réunis du généreux docteur Auber, du savant Chéron, conseiller à la cour royale, et du châtelain d'Estaintot qui s'étaient adjoints Ouin-la-Croix, fondèrent, rue du Ruissel, l'établissement de la Crèche qui procura aux mères nécessiteuses les avantages d'une sollicitude presque égale à la leur, près de leurs jeunes enfants que les exigences du travail quotidien les forçaient à laisser sans soins et souvent seuls pendant leur absence.

Vers la même époque, 1846-1847, Ouin-la-Croix conçut le projet d'un ouvrage historique et littéraire qui devait s'appeler *Mnémosie de l'étudiant*. Il écrivait à Mgr Blanquart de Bailleul, archevêque de Rouen à cette époque : « Nos jeunes gens étudient assez bien le grec, le latin, les mathématiques, l'histoire de France et la géographie, mais s'ils sortent de ce cadre restreint, ils entrent dans une terre inconnue ; il est vrai que les études obligatoires du baccalauréat ont singulièrement agrandi le cercle de leurs connaissances, on doit pourtant avouer qu'il leur manque toujours ce que j'appellerais volontiers la vie intime des lettres et des sciences, des métiers et des arts ; je crois donc qu'un ouvrage d'un format restreint et à la portée des jeunes étudiants de toute carrière, qui exposerait rapidement l'origine des lettres, des sciences, des métiers et des arts, qui montrerait leurs divers progrès à travers les siècles, chez les principales nations de la terre, qui ferait rayonner dans ce récit les grandes figures de ceux qui la propagèrent, les illustrèrent par leurs travaux et leur génie compléterait d'une façon aussi utile qu'agréable l'instruction de nos jeunes gens. »

Cette mnémosie projetée par Ouin-la-Croix et dont il avait déjà réuni de nombreux matériaux devait, en effet, présenter un historique succinct et précis des diverses branches du savoir humain aussi bien en France qu'en Grèce, en Italie et en Espagne, en Allemagne, en Angleterre et autres contrées ; poésie, éloquence, littérature, philosophie, droit, peinture, médecine, musique, industrie, commerce auraient eu leur chapitre spécial ; les espérances que font naître un tel ouvrage font aussi regretter que les loisirs aient manqué à l'auteur pour en achever l'exécution.

La beauté architecturale de l'église Saint-Maclou, son antiquité, ses vicissitudes avaient toujours frappé l'ardente imagination du jeune vicaire ; la Cathédrale et Saint-Ouen possédaient leur histoire écrite par le savant bénédictin Dom Pommeraie, mais Saint-Maclou n'avait pas encore la sienne, Ouin-la-Croix combla cette lacune historique en publiant, en novembre 1846, l'*Histoire de l'église et de la paroisse*. Ce livre, imprimé par Mégard, typographe et libraire à Rouen, illustré par Dumée, mort à Paris, victime de son dévoûment patriotique dans les néfastes journées de la révolution de 1848, obtint un succès assez brillant, si l'on en juge par le rapide écoulement des 400 exemplaires qui disparurent en moins de deux mois ; l'histoire de Saint-Maclou de Rouen devenait forcément un indispensable complément à ajouter à la collection si riche déjà des chroniques rouennaises.

Facilement ému par la voix des malheureux, Ouin-la-Croix, répondant à l'appel du Pape Pie IX, publia en 1847 un opuscule très-apprécié destiné à faire mieux connaître l'Irlande souffrante et opprimée, en faveur de laquelle le chef de l'Eglise demandait secours et assistance.

Ce petit volume d'une soixantaine de pages excita chez tous ses lecteurs une vive et efficace sympathie envers les Irlandais qui souffraient alors en dehors des obsessions politiques de l'Angleterre de la plus cruelle et douloureuse famine. Cette publication toute de charité ne resta point stérile, outre qu'elle sut trouver pour les victimes de l'égoïsme anglais des générosités compatissantes, elle ouvrit à l'auteur, quelques années plus tard, les portes du collége irlandais de Paris comme professeur de cette fondation étrangère. Maîtres et élèves semblaient rechercher avec une préférence marquée et aimer d'une affection étroitement particulière celui qui avait raconté les souffrances de leur patrie, les douleurs de l'Irlande.

Mais un ouvrage beaucoup plus important et de plus longue haleine occupa de 1846 à 1850 les loisirs que laissaient à Ouin-la-Croix les travaux continus et le vicariat de Saint-Maclou.

Je veux ici parler de l'*Histoire des Corporations d'Arts et Métiers et des Confréries religieuses au moyen âge*, livre plein d'aperçus nouveaux et d'indications précieuses, qui a pour objet de montrer l'importance et l'utilité de ces grandes institutions sous l'égide desquelles les marchands et artisans des différents métiers cherchaient sécurité, progrès, fortune. L'organisation politique de cette époque, imparfaite et souvent impitoyable, se trouvait efficacement complétée ou améliorée par l'influence directe et salutaire des corporations et confréries.

Ces diverses associations à la fois industrielles et religieuses pour régulariser et assurer leur existence rédigèrent des statuts spéciaux qui sont de véritables codes où sont réglés et déterminés, d'une façon très-détaillée, les rapports des corps d'arts et métiers entr'eux, les devoirs des membres, les obligations des compagnons et des maîtres.

Ces graves et instructives études assuraient à Ouin-la-Croix un intérêt particulier, elles devaient inévitablement attirer l'attention d'une époque où, à la suite des évènements de 1848, on s'occupait activement des classes ouvrières.

Les membres de la Chambre de Commerce de Rouen acceptèrent, avec un empressement qui est à la louange de l'ouvrage, la dédicace de cette publication. M. Lemire, président de la Chambre de Commerce, adressa à l'auteur une lettre pleine d'éloges dans laquelle il lui annonçait que ses collègues et lui souscrivaient pour un bon nombre d'exemplaires.

M. Fleury, maire de Rouen, félicita vivement l'historien de la part de son conseil municipal et

fit placer l'ouvrage dans les rayons de la bibliothè-
que de la ville, en témoignage d'approbation. M. le
baron Ernest Leroy, préfet de la Seine-Inférieure,
encouragea cette publication par une souscription
personnelle, et le Conseil général, sur le rapport de
M. Reizet, député, accorda à l'auteur une gratifi-
cation honorifique de cinq cents francs. Ces témoignages approbateurs, obtenus dans la province
même qui avait fourni à l'auteur les matériaux de
son ouvrage, auraient suffi pour le dédommager de
ses sacrifices et de ses fatigues, mais il lui en par-
vint encore de plus haut, Dumas, le savant acadé-
micien, Ministre du commerce et de l'industrie,
annonça à l'auteur qu'il souscrivait pour une somme
de 200 fr. Quelques temps après, le Ministre de l'intérieur ajoutait une somme très-considérable, mais
dont l'importance m'échappe, aux souscriptions
déjà si nombreuses qui protégeaient cette œuvre.

Les mentions honorifiques de l'*Histoire des Corporations et des Confréries* du docteur Ouin-la-
Croix se multiplièrent sous toutes sortes de formes.
Les journaux de Rouen en firent des comptes-ren-
dus très-détaillés, les feuilles de Paris et de Lyon
l'analysèrent avec éloge; Lenormand, savant an-
tiquaire, lui fit l'honneur d'un compte-rendu spécial au concours général de l'Institut de France, et
le 6 juin 1850, la Société d'Emulation de Rouen lui
décerna en séance publique une médaille d'or.
Ouin-la-Croix, invité à cette réunion, reçut avec
une joyeuse émotion cette distinction flatteuse au

milieu des applaudissements sympathiques d'une nombreuse assistance.

Cet intéressant ouvrage a été imprimé par Lecointe, de Rouen ; il contient 29 dessins représentant des armoiries et quelques scènes d'arts et métiers exécutés d'après les jetons originaux par l'artiste Drouin, il porte en tête ces belles paroles du moraliste La Bruyère :

« Quand on excelle dans son art et qu'on lui donne toute la perfection dont il est capable, l'on en sort en quelque manière, et l'on s'égale à ce qu'il y a de plus noble et de plus élevé..... Le grand homme est de tous les métiers. » (Chap. II des *Caractères.*)

Encouragé par tant et de si hauts témoignages d'approbation, pressé d'ailleurs par le caractère spécial de ses études, et par les instances amicales de Mgr Fornari, le nonce du Pape, son ancien professeur, Ouin-la-Croix se décida à aller se fixer à Paris. Mgr Blanquart de Bailleul, alors archevêque de Rouen, le vit partir avec regret, mais lui accorda néanmoins des lettres démissoriales très-satisfaisantes.

Ouin-la-Croix arriva à Paris vers le mois d'octobre 1850, et s'installa au n° 15 de la rue l'Évêque, précisément dans l'ancienne maison qu'avait jadis habité notre illustre compatriote Corneille.

Ouin-la-Croix n'avait à Paris aucune protection spéciale ; il dut lui-même se créer, à force de travail et de persévérance, une place au milieu de cette réunion si nombreuse d'écrivains remarquables. Son talent et son passé l'avaient à son arrivée déjà recommandé à M. l'abbé Pétetot, curé de Saint-Roch, dont il nous parlait sans cesse avec une touchante reconnaissance.

Il n'a jamais non plus oublié au fond de son cœur si généreux, tous les remercîments qu'il devait à M. Dupont, un fabricant de la rue Saint-Augustin, qui avait eu autrefois à Rouen des rapports assez suivis avec l'ancien vicaire de Saint-Maclou, et cela au moment de la publication d'une brochure sur un essai de *wagon élastique* à l'usage des chemins de fer. Cet honorable commerçant avait mis à la disposition du voyageur sa maison et sa table, et ne cessa pendant sa vie de témoigner à Ouin-la-Croix et à sa vieille mère, qui l'avait suivi à Paris, ses plus affectueux égards.

C'est à cette époque que le docteur John Miley, ancien aumônier d'O'Connell, alors supérieur du collége irlandais de Paris, venait de publier un important ouvrage sur les États du Pape.

Ancien élève du séminaire papal, où il avait laissé de lui, ainsi que de ses hautes capacités, les meilleurs souvenirs, Ouin-la-Croix ne pouvait être évidemment l'adversaire de la cause pontificale.

Etant donc entré en relations avec l'auteur, Ouin-la-Croix entreprit la traduction de cet ouvrage avec la conviction sincère de bien servir la papauté et la religion. Le travail était long et ardu, mais il l'aborda avec énergie, et le volume traduit en français sortait de chez l'éditeur au mois de juin 1861. Mgr Garibaldi, le nonce du Pape à Paris, accueillit l'ouvrage avec beaucoup de sympathie ; il en réclama 50 exemplaires qui furent par ses soins envoyés à Rome et offerts au Pape Pie IX et aux cardinaux ; nous ne pouvons dans une biographie personnelle donner au sujet de l'ouvrage notre opinion de biographe, mais nous sommes d'accord avec tous les critiques littéraires de l'époque en affirmant ici la fidélité de traduction et l'élégance avec lesquelles ont été rendus les termes et la pensée première de l'auteur dont l'ouvrage, remarquablement écrit, rayonne à chaque instant d'érudition historique.

Les ouvrages de Ouin-la-Croix, ses traductions de l'anglais, son opuscule en faveur de l'Irlande avaient attiré sur lui l'attention des administrateurs des fondations irlandaises en France, aussi au mois d'octobre 1851 il fut appelé à cet établissement comme professeur de langue et de littérature françaises. Il vint alors demeurer rue d'Ulm, près du Panthéon, dont il fit quelques années plus tard un historique très-apprécié.

Le 6 octobre 1852, les archevêques et évêques d'Irlande réunis en conseil, confirmèrent et approuvèrent cette nomination ; à différentes reprises, dans leurs voyages à Paris, ils lui ont témoigné leur satisfaction de voir attaché à leur établissement, un homme que son seul mérite avait désigné pour cette faveur. J'ai retrouvé, du reste, dans la correspondance du chanoine de Saint-Denis, des lettres fort élogieuses de Mgr Cullen, archevêque de Dublin, et de Mgr Dixon, archevêque d'Armagh. Les élèves du collége irlandais s'étaient vivement attachés à leur professeur dont les façons ouvertes les avaient charmés, et le 4 novembre 1857, jour de la fête de Saint-Charles, ils lui offrirent, comme témoignage de gratitude et de dévouement, une magnifique harpe dorée, symbole d'harmonie, emblême national de leur patrie.

Les graves évènements survenus dans le collége irlandais en 1858, et qui amenèrent les prêtres des missions lazaristes, n'altérèrent point la position de Ouin-la-Croix, et il continua ses bonnes relations avec le nouveau supérieur M. Lynch, successeur du docteur Myley.

L'ancienne basilique de Sainte-Geneviève, transformée en Panthéon, était fermée au culte depuis longtemps. Ouin-la-Croix choisit l'église Saint-Séverin pour y remplir les devoirs de sa charge sacerdotale ; l'excellent curé de la paroisse, l'abbé Hanicle, l'accueillit avec bienveillance et eut pour lui les plus affectueuses prévenances.

Sur ces entrefaites, le prince Louis-Napoléon Bonaparte accomplit son coup d'Etat du 2 décembre 1851; ce prince, que devait suivre, dans sa fortune grandissante, notre élégant écrivain, ordonna la réouverture de Sainte-Geneviève ; Ouin-la-Croix en lut le décret à la lueur même des feux du bivouac. Frappé des circonstances au milieu desquelles lui parvenait cette nouvelle ; frappé par l’étonnant spectacle qui l’entourait de toutes parts et dont l’étrangeté faisait déjà battre les ailes de sa fertile imagination , Ouin-la-Croix, dis-je, tout pensif se mit à considérer ce beau monument qui, jusqu’alors, s’était ouvert ou fermé selon que le calme ou la tempête se faisaient au sein de la France.

Quelles étranges vicissitudes , tantôt enlevée, tantôt rendue au culte, suivant que le catholicisme est abaissé ou reçoit des hommages, cette église ne semblait-elle pas unie aux destinées de la France.

Ces rapprochements excitèrent tellement la pensée de Ouin-la-Croix qu’il conçut, le soir même, l’idée et le dessein d’en écrire l’histoire. Le livre parut en 1852, sous les auspices de l’archevêque de Paris qui en accepta la dédicace. Frédéric Legrip, auteur de plusieurs tableaux du musée de Versailles, exécuta dix dessins qui complètent l’ouvrage en mettant sous les yeux les divers aspects du monument; Sagnier et Bray éditèrent ce livre de concert avec l’auteur lui-même.

Les différents travaux de Ouin-la-Croix le firent avantageusement connaître en haut lieu, l’évêque de Nancy et de Toul venait d’être nommé aumônier de l’empereur, il s’occupa aussitôt activement de l’organisation de l’aumônerie impériale ; le caractère et le talent d’écrivain de Ouin-la-Croix le désignèrent de suite à son attention, il ne pouvait d'ailleurs choisir un meilleur secrétaire général. Le digne prélat le fit appeler immédiatement et lui dit : Mon cher abbé, je ne vous choisis pas parce que tel ou tel personnage vous a recommandé, je ne vous prends que sur votre franche et bonne mine. Ouin-la-Croix à cette occasion offrit à l'impératrice son histoire de la basilique de Sainte-Geneviève; le 18 février 1853, il en reçut la lettre suivante :

Monsieur,

Sa Majesté a reçu votre histoire de Sainte-Geneviève dont vous lui avez fait hommage ; elle m'a chargé de vous en remercier. Sa Majesté ne pouvait manquer d'accueillir avec faveur un livre composé en quelque sorte en l'honneur de la patronne de Paris, surtout quand ce livre est l'œuvre d'un ecclésiastique qui l'a assistée de ses prières dans des circonstances dont elle ne perdra jamais le souvenir. Permettez-moi, Monsieur, de joindre à cette approbation l'humble expression de mon profond respect.

*Signé* DUMAS-HINARD,
*Secrétaire de l'impératrice.*

Ouin-la-Croix entra dans ses nouvelles fonctions de secrétaire général de l'aumônerie impériale, le 15 janvier 1853, il rédigea sa première dépêche chez le prince de Beauvau, et fut définitivement installée le 29 janvier, la veille du mariage de Napoléon III. Il fut nommé chanoine du chapitre impérial de Saint-Denis au mois de juillet suivant. Ouin-la-Croix s'appliqua à remplir ses fonctions avec toute la sollicitude qu'elles requéraient, donnant aux dépêches qu'il écrivait le ton et la tournure les plus capables de populariser la dynastie à laquelle son affection, reconnaissante des faveurs qu'il en avait reçu, l'avait profondément attaché. Toutes les provinces de France avaient une part égale aux largesses impériales, Ouin-la-Croix était alors en droit de ne pas oublier son département natal; ses compatriotes lui sont restés vraiment attachés par le souvenir des faveurs qu'il leur a souvent obtenues.

Les dons qu'il était chargé de distribuer passaient quelquefois les mers, et il fut particulièrement heureux de remplir les intentions de son souverain dans deux circonstances, qui excitèrent vivement ses sympathies. l'une avait trait à l'Irlande qu'il avait toujours tant aimée, et qu'il avait secourue de sa plume, dans ses adversités; l'évêque de Chefert s'adressa à son efficace intervention, et quelque temps après Ouin-la-Croix lui envoyait pour la chapelle construite sur le champ de bataille d'Aghrim, ces secours qu'il lui avait demandés.

L'autre se rapportait à la Terre-Sainte; la guerre de Crimée venait de se terminer à la gloire de la France, le sultan Mamoudh, reconnaissant, offrit à Napoléon III l'antique basilique de Sainte-Anne, de Jérusalem, pour la restauration de laquelle l'empereur accorda dans la suite, une subvention considérable; mais la basilique était pauvre, les ornements et les ressources lui manquaient. Ouin-la-Croix offrit au patriarche de Jérusalem sa médiation, et peu de temps après lui envoyait les dons superbes qu'il avait obtenus.

Il écrivit à ce sujet une lettre magnifique qui fut malheureusement égarée, et qui certes eût été considérée comme l'un des plus précieux documents de style et d'élevation. Le patriarche reconnut les bons offices du diligent secrétaire en lui octroyant une faveur insigne : le titre et la croix de chevalier du Saint-Sépulchre. Quand au mois d'août suivant, le nouveau chevalier parut dans son village, un bon paysan, voyant ses deux décorations, lui dit avec une fine intention : Faudra maintenant que *je vos appelions Monsieur des Croix.*

Ouin-la-Croix fut également bienheureux de pouvoir appeler les générosités de l'Empire sur Manneville-ès-Plains, son village natal; plusieurs dons, qui parvinrent aux administrateurs de cette commune, grâce à l'intervention de leur compatriote, furent accueillis avec la satisfaction la plus grande.

Citons entre autres une somme importante obtenue par le secrétaire général pour servir à la réédification d'un presbytère qui avait bien fait son temps; vers la même époque, une magnifique horloge, sortant des ateliers de Wagner, fut posée dans la tour du clocher de l'église paroissiale, et son cadran émaillé atteste encore aujourd'hui son origine et son époque.

Comme la maison natale de Ouin-la-Croix est située au centre de Manneville, il fit exécuter,

dans le but d'embellir les environs de l'église, d'im-
portants travaux sur sa propriété que le journal le
*Pays de Caux*, dans le numéro du 25 août 1855,
décrit dans les termes suivants : « A trois kilomè-
« tres de Saint-Valery-en-Caux, au centre du
« village de Manneville-ès-Plains, existe une gra-
« cieuse villa (villa Crociata), d'où s'exhale un
« doux parfum de science unie à la piété; c'est là,
« près de l'église paroissiale, qu'est né M. Ouin-la-
« Croix, chanoine du Chapitre impérial de Saint-
« Denis, secrétaire général de la grande aumô-
« nerie. Cette charmante habitation est une gra-
« cieuse construction avec pignons, piliers, croi-
« sées gothiques ; l'abbé Cochet, dans son savant
« ouvrage des églises de l'arrondissement d'Yvetot,
« lui assigne une existence de près de quatre
« siècles ; le chanoine de Saint-Denis vient d'y
« faire d'importantes réparations qui ont attiré de
« nombreux visiteurs.

« Si nous comprenons bien la pensée de M. Ouin-
« la-Croix elle a été toute patriotique, une inscrip-
« tion frontale sur marbre nous indique que l'auteur
« de l'histoire de nos corporations d'arts et métiers
« a voulu consacrer son manoir patrimonial à la
« mémoire des illustrations de notre chère Nor-
« mandie. Souvenirs brillants de nos ducs, de nos
« abbayes, de nos écrivains s'y unissent à tous les
« ornements d'architecture. Les statues de Rol-
« lon Iᵉʳ, duc de Normandie, de Richard sans Peur,
« protecteur des arts ecclésiastiques, rappellent les

« beaux jours de notre province. Les grandes
« abbayes de Jumiéges, de Saint-Wandrille, de
« Bec-Hellouin, y reçoivent l'hommage dû à la
« splendeur, au savoir et à la sainteté, à la no-
« blesse qui les caractérisaient. Les noms de Guil-
« laume de Jumiéges, d'Orderic Vital nous repor-
« tent aux plus lointaines époques de notre histoire.
« Ceux de Farin, Pommerais, Daniel Daubonne,
« de Vertot, Godescard rappellent les savants
« ouvrages qui traitent ou de l'histoire des
« monuments ou des révolutions de Rome, de
« Suède, de Portugal. Berruyer, Daniel, Huet,
« d'Avranches, et tant d'autres noms illustres ont
« trouvé une place soigneusement réservée sur les
« médaillons du manoir de M. Ouin-la-Croix.

« Voulant compléter autant que possible cette
« sorte de glorification de sa patrie, M. Ouin-la-
« Croix a fait inscrire dans l'embrasure gothique
« d'un des pignons la nomenclature de tous nos
« ducs : Rollon, fondateur, avec sa couronne et sa
« vaillante épée; Jean-sans-Terre, dépouillé de
« la Normandie, ayant à ses pieds une couronne
« et une épée brisée. La couronne ducale de Nor-
« mandie occupe la cîme la plus élevée de l'an-
« cienne construction, tandis que la statue de la
« Normandie historique est au point du jardin qui
« semble le plus propice à l'étude de l'histoire, le
« le salon lui-même n'est orné que de dessins re-
« présentant les monuments de la Normandie, en
« un mot M. Ouin-la-Croix paraît avoir voulu

« évoquer toutes les réminiscences historiques de
« la Normandie et les perpétuer sur les inébran-
« lables murailles de sa demeure. »

Il est une particularité qui montre le côté plai-
sant du caractère de Ouin-la-Croix, et qui a
échappé cependant à la plume si fidèlement exacte
de l'auteur de cet article.

Sur l'un des piliers de la grille principale de la
*Villa Crociata* se trouve fichée dans les pierres
une petite plaque en cuivre, sur laquelle est trans-
versalement gravé le distique suivant :

Ter tibi pulsanti si non aperitur abito !
Non sum, non passum, non placet esse domi.

Miss Kavanagh, une Anglaise qui avait visité
cette propriété, traduisit ainsi cette humoristique
originalité :

If thrice you ring, and thrice your labour's, lost
I may not, cannot; Will not be, your host.

Quelques années plus tard, Ouin-la-Croix, qui
avait pour son cher Manneville une affection vraiment filiale, continuant ses projets d'embellisse-
ment, acheta quelques vieilles constructions qui
masquaient l'église et les remplaça par deux constructions qui, avec la maison d'école, forment au
centre de la commune une gracieuse petite place.

Ouin-la-Croix y fit aussi poser des réverbères
et des bancs, et les bons villageois se réunissaient
là volontiers aux heures de leurs loisirs et appe-
laient la place *leur petite bourse.*

Les compatriotes de Ouin-la-Croix lui ont, à diverses reprises, montré qu'ils lui étaient reconnaissants de ses bienveillantes attentions, et le conseil des notables voulant perpétuer l'expression de la gratitude de la commune accorda, en juillet 1856, un banc d'honneur à Ouin-la-Croix et à sa famille dans la principale nef de l'église. Cependant Ouin-la-Croix continuait son professorat au collége irlandais, M. Rouland, ministre de l'instruction publique et des cultes, un des hommes les plus remarquables du régime impérial, qui n'avait d'égale à sa haute distinction que son étonnante simplicité, M. Rouland, dis-je, voulant récompenser ses dix laborieuses années d'enseignement, le nomma, par arrêté du 4 août 1859, officier de l'instruction publique. Cette faveur fut suivie, peu de temps après, d'une autre beaucoup plus importante, et qui modifia les relations de Ouin-la-Croix avec le collége irlandais, les fonctions d'administrateur se trouvaient vacantes, les travaux et les capacités de Ouin-la-Croix le désignèrent naturellement au ministre lorsqu'il fallut combler cette lacune. Ce fut lui, en effet, que le ministre nomma à cette fonction en novembre 1859, et cela à la grande satisfaction des élèves, qui accueillirent cette nomination avec l'enthousiasme de leur amicale considération.

Ce fut sur ces entrefaites que la bonne mère de Ouin-la-Croix, qui avait si fidèlement accompagné son fils dans ses deux résidences de Rouen et de

Paris, tomba gravement malade, mais au mois d'août 1859, Ouin-la-Croix, pieux observateur de ses moindres désirs, la ramena à Manneville, où elle mourut au mois d'octobre suivant. Femme d'une ardente piété, de mœurs sévères, d'une constance et d'une grande fermeté dans les rudes épreuves de la vie, M$^{me}$ Ouin-la-Croix avait eu, par sa douce influence, une part considérable aux résolulutions de son fils, et sa mémoire non encore éteinte est restée en véritable vénération dans sa contrée natale.

La population tout entière de Manneville et nombre considérable d'assistants du dehors étaient venus aux obsèques de cette vaillante femme, précédés de son fils en grand deuil.

Femme d'une étonnante piété, elle avait en la Providence une inébranlable confiance. Sur la jetée d'aval de Saint-Valery-en-Caux se dresse un beau calvaire érigé par la piété des marins; M$^{me}$ Ouin-la-Croix, toutes les fois que les nécessités de son ménage l'amenaient à Saint-Valery, ne manquait jamais d'y faire une longue station. Ni les pluies, ni les neiges de l'hiver n'arrêtaient son zèle, et dès les heures les plus matinales on la voyait agenouillée sur les dalles humides du calvaire, tandis que les vagues mugissantes déferlaient sur sa tête. Ses pèlerinages furent constatés plus fréquents, surtout pendant les quatre années du séjour de son fils à Rome. Sa dévotion ne l'empêchait pas d'avoir le mot pour rire, elle savait égayer les travaux des

champs par quelque cantilène des anciens jours, et
ne faisait pas fi de la chansonnette plus moderne.
Ouin-la-Croix a toujours conservé pour sa vertueuse mère, la plus vive et la plus affectueuse
vénération, et pendant son séjour des vacances,
dans ses visites à sa famille, il ne se passait point
de fêtes qu'il n'évoquât, avec un respectueux
amour, le souvenir de ses bons mots et de ses sages
avis.

Le père de Ouin-la-Croix différait beaucoup de
caractère et d'humeur ; aussi vertueux que modeste, il aimait à renfermer ses désirs dans les li-
mites de son honnête aisance ; content de sa fortune présentement acquise, il fuyait toute espèce
de spéculation qui eût pu la compromettre ; l'édu-
cation de son fils le préoccupait sans le troubler, et
il vit sans espérances présomptueuses les succès de
ses premières études. Ami du calme des champs,
il fit à son fils de rares visites dans ses résidences
de Rouen et de Paris, sa sobriété proverbiale dans
le pays lui valut une longue et paisible existence
au milieu de l'estime générale de ses concitoyens ;
d'un inattaquable sang-froid, il avait vu dans le
cours de sa longue existence les événements les
plus terribles passer sur sa tête sans jamais la cour-
ber, et il en analysait les conséquences avec une
froideur et une étonnante fermeté.

Que de fois, faisant allusion à son grand âge, il
gémissait sur l'inégalité de l'existence humaine, et
que souvent il nous fit observer que son fils, ar-

rivé à l'âge de soixante ans, ne profiterait jamais du pécule paternel.

Il ne se doutait guère, le modeste vieillard, que ses craintes se réaliseraient sitôt et que le brillant chanoine de Saint-Denis, si robuste et si plein de vie, aurait à peine le temps, surpris par la mort, de payer les déclarations de l'héritage de son père.

En août 1862, Ouin-la-Croix fut nommé chevalier de l'ordre impérial de la Légion-d'Honneur. Le cardinal Morlot, alors grand aumônier, lui en communiqua la nouvelle par une lettre ainsi conçue :

« J'apprends à l'instant même du Ministre de « l'instruction publique lui-même une bonne et « agréable nouvelle qui a encore plus de prix pour « moi par l'aimable attention de Son Excellence, « qui a voulu qu'elle vous fût transmise par moi- « même. » Peu de jours après, le nouveau chevalier recevait les insignes et prêtait le serment accoutumé de fidélité à l'Honneur et à la Patrie.

Comme cette haute distinction était accordée surtout à l'administrateur des fondations irlandaises, c'est ici la place de retracer les phases principales de son administration.

J'ai déjà dit plus haut que nommé à cette fonction en 1859, Ouin-la-Croix avait été accueilli avec les applaudissements des élèves du collége irlandais, mais ces marques de sympathie s'attachaient principalement à ses dix années de professorat, elles n'étaient que les présages favorables d'un avenir que Ouin-la-Croix s'empressa de justifier.

Un de ses premiers actes fut de transformer le mode d'éclairage; la vieille routine des lampes à l'huile avait grâce à de ridicules préjugés résisté à l'introduction de la lumière facile et abondante du gaz. Ouin-la-Croix remédia, dis-je, promptement à cet état de choses.

Puis il entreprit la restauration du grand vestibule qui n'avait probablement pas été retouché depuis sa création, 1770; Ouin-la-Croix l'orna des noms des quatre archevêchés d'Irlande, de la harpe et du trèfle national, et de plus y plaça une table commémorative des bienfaiteurs des fondations irlandaises en France.

La propriété d'Arcueil, villégiature habituelle des élèves, portait des traces nombreuses de décadence, Ouin-la-Croix y fixa son attention, refit à neuf la porte d'entrée, et jeta les fondations du nouveau bâtiment destiné à relier les deux anciennes maisons isolées de la *Villa irlandaise* ; une avenue superbe d'acacias relie la propriété à la route de Villejuif à Arcueil ; la porte qui domine cette avenue ne manque ni d'originalité ni de grandeur. Un des travaux qui honora le plus l'administration de Ouin-la-Croix fut la construction d'une galerie couverte dans la cour du collége ; douze colonnes en fonte du plus élégant modèle, un grand arc de la plus heureuse coupe surmonté d'une croix dont les bras protecteurs semblent à la fois couvrir et la France et l'Irlande, et qui, comme le dit l'inscription :

*Protegit una duas.*

Telles sont les traits de cette galerie, qui réunit l'utilité d'un promenoir à l'ornementation incontestée de l'ensemble des bâtiments.

Un journal, l'*Observer*, de Belfast, en parle en ces termes : The whole building is skirted with a colonnade, the desing of which is exquisite, and it has been executed with admirable skill, a serie of columns in bronze, support the arched roofing which is of green varnished zinc and plate-glass. This beauteful promenade is a great boon to the students, and is entirely due to the kindness and sollicitude of the administrator Ouin-la-Croix.

Les différents archevêques d'Irlande qui visitèrent ce travail peu de semaines après son achèvement adressèrent à son auteur les plus chaleureuses félicitations, et ils s'applaudirent d'avoir confié à un administrateur si zélé l'administration de leurs fondations en France.

En différentes occasions, les élèves que Ouin-la-Croix avait sous sa paternelle et bienveillante direction, lui témoignèrent leur vive gratitude et leur satisfaction d'avoir comme supérieur un homme d'aussi hautes qualités et d'aussi grands moyens.

Les années qui suivirent n'offrent d'autre particularité que la continuation des bons rapports de

Ouin-la-Croix avec les directeurs et les élèves du collége ; sa constante application à satisfaire les moindres demandes des uns et des autres lui assurèrent au sein de cette espèce de famille une invariable popularité.

Durant les nombreuses années de son service à la grande aumônerie, Ouin-la-Croix reçut divers témoignages de la sympathique considération de son souverain, plusieurs fois même il fut appelé à dîner à la table de Napoléon III, soit au palais des Tuileries, de Saint-Cloud et de Compiègne.

Un cadeau particulier qui lui fut fait en 1858, mérite ici une mention spéciale ; voici en quels termes le lui annonçait le comte de Nieuwerkerke, intendant des Beaux-Arts :

Palais du Louvre, 15 mai 1858.

Monsieur le Chanoine,

Je me fais un plaisir de vous annoncer que l'empereur m'a chargé de vous remettre en son nom son portrait peint en miniature par Buhot, ainsi que celui de l'impératrice. Je me félicite d'être en cette circonstance l'heureux intermédiaire des gracieuses intentions de Sa Majesté, et je vous prie, Monsieur le Chanoine, d'agréer l'assurance de mes sentiments les plus distingués.

Comte DE NIEUWERKERKE.

Ces deux portraits de la plus fine et de la plus parfaite exécution étaient estimés à une valeur considérable, il les reçut avec une évidente satisfaction et, dès le lendemain, adressa au donateur la lettre suivante :

Sire.

Votre Majesté, en me faisant don de son portrait et de celui de Sa Majesté l'impératrice, m'a pénétré de la plus vive reconnaissance.

Ces deux augustes et chères images seront sous mes yeux souvent, dans mon cœur toujours !

Chargé dans la grande aumônerie de votre maison de la partie du service relatif aux pétitions journellement adressées à Vos Majestés, j'essaierai de vivifier mes lettres par ces traits de grandeur et de bonté qui distinguent Vos Majestés plus que les splendeurs du diadème impérial, traits magnanimes que l'artiste a su si heureusement reproduire dans le vif rayon de mes deux précieuses miniatures.

Ouin-la-Croix.

Pendant sa longue occupation du secrétariat général, Ouin-la-Croix passa sous la direction des différents chefs de service d'aptitudes et de qualités très-diverses, il sut néanmoins conquérir et conserver constamment leurs bonnes grâces dont la meilleure preuve se révèle sans contredit dans ce fait qu'ils le maintinrent toujours en possession de sa charge ; il reçut en maintes occasions des témoignages de satisfaction de la part de Mgr Menjaud, évêque de Nancy, grand-aumônier ; de Mgrs Tirmache et Morlot, et enfin de Mgr Darboy, archevêque de Paris, grand-aumônier, innocente et sublime victime de la Commune de Paris, fusillé dans la prison de la Roquette par les sauvages énergumènes de ce règne sanglant.

Mais les jours les plus longs et les plus brillants

ont inévitablement leur déclin; c'est une des conséquences de la vie humaine lorsqu'elle s'est surtout consacrée aux diverses situations politiques, et Ouin-la-Croix dut porter une large part des terribles catastrophes de 1870 et des désastreuses conséquences de la guerre avec la Prusse; le choc funeste qui renversa le trône de ses souverains bouleversa aussi sa situation et brisa sa plume de secrétaire général. La guerre, déclarée en 1870, prit rapidement d'effrayantes proportions ; le mois d'août fut rempli d'alarmes, Ouin-la-Croix s'abstint cette année de visiter son pays natal, afin de rester jusqu'à la fin à son poste des Tuileries.

Paris était de plus en plus remuant à mesure que les mauvaises nouvelles arrivaient du théâtre de la guerre; la plus vive inquiétude gagnait tous les cœurs, et les groupes nombreux qui se formaient çà et là avec une attitude évidemment opposée à l'Empire était loin de rassurer les amis de ce régime.

Le dimanche 4 septembre 1870, Ouin-la-Croix se rendit à la chapelle des Tuileries vers dix heures du matin, mais l'impératrice n'y descendit pas ce jour-là.

Le palais des Tuileries était entouré par de nombreux piquets de soldats en armes ; l'aspect était morne ; on s'abordait pour échanger les plus lugubres pressentiments, car l'issue fatale de cette triste journée n'était plus un mystère pour personne.

Vers midi, Ouin-la-Croix se rendit des Tuileries

aux bureaux de la grande aumônerie ; la foule grossissait de minute en minute et ne dissimulait plus ses intentions. Les députés éperdus qui se rendaient à la Chambre ne traversaient qu'avec peine les flots pressés et tumultueux du peuple répandus sur les quais et dans les rues adjacentes.

A deux heures, la Chambre est envahie, et les cris de : *A bas l'Empire!* Vive la République ! répétés par les groupes du dehors, retentissent avec transport, portés jusqu'aux Tuileries. C'est alors, m'écrivait Ouin-la-Croix, que l'impératrice Eugénie, qui des fenêtres de ses appartements voyait toute cette scène, crut devoir quitter le palais. Son ferme courage ne défaillit pas un seul moment en cette terrible circonstance ; elle suivit la galerie du bord de l'eau, prit une voiture ordinaire, s'arrêta quelques instants dans une maison amie de la rue Saint-Honoré, se transporta ensuite dans une autre aux Champs-Élysées, et, de là, se dirigea vers la station de Meulan, où elle prit le train pour Trouville. Un capitaine anglais la reçut à bord de son navire, et, malgré le mauvais état de la mer, fit voile immédiatement vers l'Angleterre. Oh ! que d'angoisses cruelles ont dû déchirer cette grande âme en ces heures de suprême séparation de notre chère France.

Ouin-la-Croix quitta lui-même alors les bureaux de la grande aumônerie que le peuple soulevé commençait à envahir, et se retira au collége irlandais où il s'occupa activement et sans aucun retard des préparatifs de son ambulance militaire ; son cœur si généreux saignait de douleur à l'aspect de ces bouleversements qui entraînaient dans la rapidité de leurs débordements, et les aigles impériales et tous ceux que leurs ailes, si puissantes naguère, semblaient abriter. Les armées prussiennes avançaient rapidement et de sanglantes batailles étaient imminentes sous les murs de Paris. Les directeurs et les élèves du collége irlandais avaient tous quitté la France vers la fin du mois d'août, de sorte que Ouin-la-Croix, en sa qualité d'administrateur des fondations irlandaises, était seul resté gardien de ce vaste établissement.

Le transformer en ambulance fut un de ses premiers et plus ardents soucis, et grâce au charitable concours d'une quarantaine de dames patronesses du quartier, grâce à l'activité alors si remarquée des directeurs des ambulances de la presse, le collége irlandais fut bientôt en mesure de recevoir les premiers soldats qui lui furent amenés dès le 15 septembre 1870.

A partir de ce moment, jusqu'au mois de juin 1871, Ouin-la-Croix ne laissa pas un moment les salles hospitalières de son ambulance ; le travail fut rude et traversé par bien des périls, car le siége de Paris et la Commune enfermèrent dans leur étreinte terrible, et les établissements irlandais, et leur courageux administrateur ; trois cents soldats y reçurent successivement ses soins vigilants.

Le siége de Paris par l'armée allemande, commencé le 15 septembre 1870, terminé le 15 février 1871, fut une période d'angoisses et de souffrances continuelles, les vivres s'épuisèrent vite dans cette immense capitale cernée et bloquée de toutes parts, surchargée d'une masse flottante de réfugiés de ses environs, le chiffre de sa population alors s'élevait à plus de deux millions cinq cent mille assiégés. Il fallut se résigner à manger du pain noir strictement rationné, de la viande de cheval ou de chien. L'hiver, qui fut très-dur cette année-là, ajouta ses rigueurs aux terreurs du siége et aux horreurs de la faim. La mortalité fit de tels ravages parmi .les habitants découragés et amaigris que l'on ne compta pas moins de 17 à 19,000 victimes par chaque mois de la durée du siége.

Le spectacle intérieur de Paris était navrant ; plus de voitures, plus de gaz, plus de charbon, plus de pain autre qu'une composition noire et indigeste, les journées étaient laborieuses et pleines d'inquiétude, les nuits sans repos, troublées qu'elles étaient par la fusillade et la canonnade ; périls incessants du côté de ces citoyens égarés qui, oubliant la patrie, essayaient sans cesse de réaliser leurs projets de ruine; dangers continuels du côté des Prussiens qui, resserrant de plus près la capitale, ne cessaient de la couvrir de leurs obus destructeurs. Le quartier du Panthéon, au centre duquel à peu près se trouve le collége irlandais fut tellement menacé par les boulets, qu'il fut reconnu prudent et même nécessaire d'installer les malades dans les caves mêmes de l'établissement, espérant que ces profondes retraites leur procureraient un peu de sécurité et de repos. Mais ce fut un vain espoir; aucun des tristes habitants des caves du collége irlandais ne put ensevelir dans le sommeil les anxiétés qui tourmentaient son cœur; il fallut, bon gré mal gré, rester les yeux ouverts et subir une à une les émouvantes péripéties du bombardement.

Ouin-la-Croix, dans deux lettres très-intéressantes qu'il écrivit à cette époque aux évêques d'Irlande, a fait un historique fort complet des terribles catastrophes dont il s'est trouvé le témoin, lettres dans lesquelles il a rendu compte, avec le talent d'écrivain qui le caractérisait, de ses travaux et de la situation du collége irlandais pendant cette lamentable période.

Nous avons sous les yeux une de ces lettres, dont nous sommes heureux de pouvoir citer quelques passages, afin de donner aux lecteurs de sa biographie un aperçu de ses vicissitudes :

« Pendant les heures de la bataille, les obus « nous laissèrent un peu de répit, mais, après le « succès, ne reprirent que plus fort leurs terri- « fiantes visites.

« Ce qui ajoutait à leur portée et augmentait nos « alarmes, c'est que nous ne pouvions rien voir de « leurs apprêts de voyage : ni artilleurs, ni pièces, « ni chefs, ni soldats. Ils débutaient à sept, huit ou « neuf kilomètres de nous, et, comme la foudre,

« tombaient inattendus, éclataient, broyaient
« tout indistinctement : murailles, toitures, fron-
« tons, colonnes, hommes femmes et enfants. J'ai
« essayé plusieurs fois, en ces horribles nuits, de
« trouver des images qui puissent vous les peindre
« avec quelque exactitude. Quand, sans s'arrêter
« sur les bâtiments de notre collége, les obus
« effleurant les crêtes de ses toits passaient avec
« leur sifflement aigu et leur aigrette enflammée,
« je les comparais à de gros et rapaces oiseaux
« qui auraient fouetté bruyamment l'air de leurs
« robustes ailes, cherchant sur les sommets élevés
« des montagnes leur proie blottie dans un creux
« de rocher. Quand, au contraire, les obus, arri-
« vant avec leur vertigineuse rapidité tombaient
« auprès de notre collége, se brisaient dans les
« rues adjacentes ou sur les maisons voisines leur
« chute paraissait si pesante, leur fracas était si
« monstrueux que, me rappelant ce cratère que
« j'ai visité près de Naples, il me semblait me voir
« entouré de flammes, de cendres, de laves brû-
« lantes, jetant partout la dévastation et la mort.

« Vous savez que Paris porte dans ses armes
« municipales un vaisseau flottant sur les crêtes
« des vagues avec ces mots : *Fluctuat, nec mer-*
« *gitur*. Eh bien ! ce qui paraissait n'être qu'un
« emblème de fantaisie ou tout au plus la réminis-
« cence d'une ancienne corporation d'obscurs bate-
« liers est devenu l'expression de la plus terrible
« réalité. Paris, pendant ce long siége, me parais-

« sait être comme un grand vaisseau-amiral, qui,
« escorté par ses dix-neuf forts comme par autant
« de navires de haut bord, voguait sur une mer
« houleuse à travers les éclairs et les tonnerres
« d'un orage. L'image était complète : des amiraux
« commandaient, des soldats de marine défendaient,
« des pièces de marine armaient nos forts et nos
« remparts, tandis que tous les sommets élevés de
« nos ambulances déployaient leurs drapeaux à fond
« blanc avec la croix rouge au centre comme une
« voilure protectrice au milieu des horreurs d'une
« périlleuse navigation.

« Or, en ces jours-là, le collège irlandais, pas-
« sager trois fois séculaire, à bord du grand vais-
« seau parisien, a vivement ressenti les oscillations
« de cette rude traversée. Ses antiques murailles
« ont souvent tressailli sous les coups des canons
« de Bicêtre, des Hautes-Bruyères, de Montrouge.
« Les journées si mémorables du 29 novembre et
« du 2 décembre l'ont surtout agité.

« C'est peut-être le moment de vous dire que
« nos vivres diminuaient de plus en plus ; nous
« étions soumis tous indistinctement au plus strict
« rationnement, trois cents grammes de pain,
« trente grammes de viande, non pas de bœuf, mais
« de cheval, d'âne, de mulet ; ceux qui pouvaient
« s'en procurer, se dédommageaient sur les gigots
« de chien, les côtelettes de chat. Je vous avouerai
« même que nous avons mangé du rat sauté, comme
« vous diriez du lapin sauté, tel qu'on le préparait

« à la cuisine du Château-Tremblant que vous avez
« sans doute remarqué sur la route d'Arcueil.
« M. Thenon, notre excellent économe, en sou-
« riait.

« Les jours, les mois s'accumulaient : le siège
« durait toujours. Arrivait le premier jour de l'an,
« si fêté jadis à Paris, car le calendrier, fidèle ami
« du foyer, nous rappelait invariablement ces dates
« autrefois si heureuses, mais que les impitoyables
« rigueurs de la guerre couvraient d'un crêpe de
« deuil. Nous n'avions plus la scintillante lumière
« de nos 200,000 becs de gaz : nos rues n'étaient
« éclairées que par des lumignons rares, fumeux ;
« nous guidions nos pas attardés avec de petits
« falots, comme en l'ancien temps ; aucun de ces
« brillants étalages d'étrennes ; ni bonbons, ni
« jouets. Cette date cependant s'imposait à nos
« souvenirs, et son approche rendait nos pauvres
« malades du collège irlandais mélancoliques et
« mornes. Eh bien ! mes amis, leur dis-je la veille,
« il pourra bien advenir que ce brave jour de l'an
« vous fasse quelque surprise. Rien que ce petit
« rayon d'un espoir quelconque rassénéra leurs
« fronts. Or, en 1ᵉʳ janvier 1871, à six heures
« du matin, par un temps sombre, neigeux, très-
« froid, j'entrai dans leurs salles, guidé par
« maître Pierre Rouchy, notre bon jardinier
« d'Arcueil, portant la lanterne et les boîtes à sur-
« prises.

« Marchons doucement, lui dis-je, n'éveillons

« personne. Précaution superflue, je trouvai tous
« les yeux ouverts, très-ouverts.

« Mes braves et chers amis, par de là les lignes
« ennemies qui nous enserrent, là-bas, bien loin,
« dans la plaine, sur la montagne, près de la
« forêt, j'entrevois une maisonnette couverte de
« chaume, dont les portes sont fermées et les
« fenêtres bien closes. Il fait si froid et la bise
« souffle si fort! Au dedans, il y a des yeux à
« cette heure aussi ouverts que les vôtres. Oh!
« oui, je les vois; ce sont ceux de votre père, de
« votre mère, de vos frères, de vos sœurs.
« Pauvres gens qui se demandent entre eux :
« Où est maintenant notre cher Eugène? notre
« ami Charles? notre petit Robert? Ah! si du
« moins nous pouvions leur souhaiter la bonne an-
« née.

« Eh bien! ce que vos aimés parents n'ont pu
« faire, je viens l'accomplir en leur place ; recevez
« mes meilleurs souhaits et fasse Dieu que cette
« année nouvelle soit plus douce et plus propice. »

Mais si grands et si nombreux qu'aient été les
dangers du siége prussien, ils parurent à Ouin-la-
Croix bien moins redoutables que ceux de la Commune, hideuse page de l'histoire de France qui
s'ouvrit le 18 mars et se ferma seulement le 28 mai
suivant ; ce fut alors pour les Parisiens le véritable
règne de la Terreur, quant aux paisibles habitants
du dehors toutes les angoisses par lesquelles ils

ont passé sont restés inconnues. Les émissaires de la Commune se présentèrent plusieurs fois au collége irlandais, notamment dans une des premières nuits d'avril, pour opérer l'arrestation de Ouin-la-Croix.

Cette nuit-là, après avoir été brusquement éveillé par une décharge de plusieurs coups de fusils, il eut un entretien de plus d'un quart d'heure avec une escouade de communards armés qui, pendant ce dialogue nocturne, tinrent constamment leurs fusils braqués sur sa poitrine. Le drapeau anglais, qui protégeait le collége irlandais, comme relevant de l'ambassade britannique, le protégea lui-même cette fois-là ; sa barbe (qu'il avait conservée depuis) avait poussé longue et touffue, négligée qu'elle s'était trouvée par les exigences d'occupations plus importantes ; peut-être ce changement dans sa physionomie avait dérouté les soupçons de ces visiteurs malsains. Mais, malgré cela, il trouva plus sage, dans les deux autres visites que lui firent ces aimables Messieurs, peu de temps après, de se soustraire entièrement aux farouches recherches des exécuteurs des otages. Ouin-la-Croix fut donc, après avoir passé par bien des transes, assez heureux pour sortir sain et sauf du double siége de Paris.

Les évêques irlandais, dont il avait, au péril de la liberté, de sa vie même, fidèlement gardé, on pouvait dire incontestablement sauvé le collége national, lui votèrent à l'unanimité une adresse spéciale dans une de leurs réunions générales. Voici d'ailleurs le texte de cette adresse :

« Nous (les archevêques et évêques d'Irlande) déclarons éprouver un profond sentiment de gratitude envers M. Ouin-la-Croix, le respectable administrateur de nos fondations scolaires en France, à cause de sa fidélité et de son dévoûment au collége irlandais, dans le poste très-difficile et périlleux qu'il a rempli comme gardien de notre établissement national pendant ces deux récents siéges de Paris. »

Voici du reste le texte même : « That we feel a deep sense of obligation to Ouin-la-Croix the respected administrator of the irish educational foundations in France, fort his fidelity and devotion to the college in the very difficult and perilous post he had to maintain, us guardian of the establishment during the two recents sieges of Paris. »

Ouin-la-Croix avait non-seulement rempli au fond de sa conscience son devoir de fidèle mandataire des évêques d'Irlande, non-seulement depuis vingt années il avait consacré son temps et ses moyens au développement prospère de cette institution, mais encore le conseil supérieur de cette création lui donnait une preuve éclatante de sa satisfaction et de sa reconnaissance pour les immenses services rendus à cette fondation, document précieux et authentique qui restera à la louange de celui qui n'est plus et pour la plus grande confusion de ses adversaires inqualifiables.

En effet, les adversaires de Ouin-la-Croix, que ses éminents services et ses hautes capacités faisaient jaloux, mirent tout en œuvre pour le renverser ; ils y réussirent facilement en alléguant comme principale raison les services rendus par l'ardent administrateur au profit d'une dynastie tombée.

Sur ces entrefaites, Napoléon III, qu'une cruelle maladie consumait depuis longtemps, mourut à Chislehurst, en Angleterre, le 9 janvier 1873. Ouin-la-Croix, attaché à la maison impériale autant par les liens de son ancienne fonction que par ceux d'un affectueux dévoûment, se fit un devoir de se rendre à Chislehurst et de porter au souverain qui venait de disparaître le dernier témoignage de sa reconnaissance ; il portait en tête du cortège l'emblême de la croix, et le dimanche 19 janvier suivant, il célébra la messe dans la chambre même du château de Camden où Napoléon avait rendu le dernier soupir.

Ouin-la-Croix, attristé par tant d'émotions si douloureuses pour lui, revint en France sous le coup de sombres pressentiments d'une adversité imprévue ; en effet, à peine rentré à Paris, il apprit qu'un décret du Président de la République, M. Thiers, lui enlevait, sans qu'il en eût rien démérité, sa charge d'administrateur des Irlandais en France. Étrange et singulière récompense de ses vingt-deux ans de services au collége irlandais de Paris. Renversé en 1870 par le gouvernement qui venait de supprimer tout à coup le régime impérial, il se vit en 1873 frappé et dépouillé par la plus inexplicable ingratitude de ceux que ses éminents services auraient dû faire plus respectueux.

Ouin-la-Croix, qui avait conservé avec Chislehurst les rapports de sa fidèle reconnaissance, écrivit au prince impérial à l'occasion de sa fête ; il profita de cette circonstance pour faire connaître à la famille de son souverain le pénible événement ; il reçut peu de temps la réponse suivante :

Camden place, Chislehurst, 11 septembre 1873.

Monsieur l'abbé,

Le prince impérial a été profondément touché des vœux que vous lui avez adressés, et Son Altesse impériale me charge de vous transmettre tous ses remerciements.

L'impératrice a reçu également la lettre que vous lui avez écrite ; Sa Majesté et le prince impérial ont éprouvé un vif regret en apprenant la mesure qui vous a dépouillé de vos fonctions ; l'impératrice et le prince ont lu avec intérêt les détails de toute cette affaire, et Sa Majesté et le prince espèrent pour vous et pour eux des jours meilleurs.

Agréez, Monsieur l'abbé, l'assurance de mon profond respect.

Comte CLARY.

Ce témoignage de hautes et cordiales sympathies apporta au cœur de Ouin-la-Croix un allègement à ses douloureuses préoccupations du moment ; la tournure que prenaient d'ailleurs à cette époque les événements politiques semblait devoir lui assurer une compensation à toutes ses vicissitudes, il reçut vers le même moment, une lettre particulière du prince impérial qui avait pris une grande part aux difficultés de la situation du serviteur de son père.

Cette lettre est ainsi conçue :

Woolwich common.

Je tiens à vous exprimer, Monsieur l'abbé, combien j'ai été touché du fidèle souvenir que vous gardez à la mémoire de l'empereur, et du dévoûment que vous avez bien voulu reporter sur son fils. Je vous remercie bien sincèrement des prières que vous adressez à Dieu en ma faveur, et vous prie de croire, Monsieur l'abbé, à tous mes sentiments.

NAPOLÉON.

Je n'ai pas besoin d'affirmer ici combien cette courte missive, à laquelle se trouve alliés les grands sentiments à une gracieuse simplicité, fit tressaillir de joie le cœur si plein de dévoûment du serviteur des Napoléon.

C'était un des derniers témoignages de souvenir qu'il devait recevoir du jeune prince, que la naissance avait marqué pour le trône et que la fatale destinée avait désigné pour la tombe ; nous ne voulons pas insister à ce sujet sur un événement politique aussi considérable, surtout quand nous nous sommes imposé le devoir d'être seulement l'historien de faits accomplis.

Privé en 1873 de son emploi d'administrateur

des fonctions irlandaises comme il l'avait été en 1870 de sa fonction de secrétaire général de la grande aumônerie, Ouin-la-Croix se réfugia dans le sanctuaire toujours ouvert et hospitalier des études au sujet desquelles il avait constamment pensé avec Cicéron qu'elles sont le plus bel ornement des jours prospères et la plus douce consolation des temps de l'adversité : *secundas res ornant adversis solatium prœbent.*

Une religieuse irlandaise, Marie-Françoise Clare, qui avait déjà publié avec succès de très-profonds ouvrages religieux et de sérieux traités de l'histoire d'Irlande, éditait en cette année-là un volume que plusieurs savants prélats avaient considéré comme une œuvre littéraire et religieuse d'une réelle valeur. Ouin-la-Croix s'étant mis en rapport avec la docte Françoise Clare par l'entremise de Mgr Moriarty, évêque de Kerry, obtint de l'auteur le droit de traduire cet ouvrage en français.

L'archevêque-cardinal de Rennes, les évêques de Sura et de Nevers, le chanoine Moigno, directeur du journal *les Mondes*, et qui vient de se créer dans le monde scientifique une place remarquable pour ses recherches sur les différents modes d'électricité applicables à l'éclairage, lui adressèrent les compliments les plus flatteurs et des lettres d'approbation qui ont été imprimées en tête du volume qui fut édité, en 1876, par la direction du journal *les Mondes*. Cette publication, contrairement à sa première désignation, a reçu de Ouin-la-

Croix, avec l'autorisation de la sœur Clarisse, le titre de *Pèlerinage céleste.*

Parmi les paroisses de Paris que Ouin-la-Croix semble avoir affectionnées davantage, nous citerons celle de Saint-Severin au pied de la montagne de Sainte-Geneviève, au sommet de laquelle il demeura rue d'Ulm II, depuis l'année 1851 jusqu'en 1877.

Les différents prêtres qui ont occupé cette cure pendant ce long laps de temps n'ont cessé de témoigner à Ouin-la-Croix leurs affectueuses attentions ; c'est là dans cette excellente paroisse que dans les temps si durs de l'adversité il avait trouvé une hospitalité si cordiale. Lorsqu'en 1877 Ouin-la-Croix, qui était revenu, après ses différentes évolutions de 1870 à 1873, retrouver à Saint-Severin l'accueil si favorable qu'il savait l'y attendre, fut appelé à de nouvelles et plus hautes fonctions, ce fut encore de Saint-Severin qu'il partit pour occuper son canonicat titulaire du chapitre de Saint-Denis. C'est pourquoi Saint-Severin resta constamment dans ses souvenirs comme un de ses plus solides et heureux repaires dans les différentes vicissitudes de sa carrière, aussi nous parlait-il sans cesse de ce précieux asile avec les termes de la plus vive et reconnaissante affection.

Ouin-la-Croix, après avoir passé par bien des péripéties, après avoir connu les caprices à revers de l'inconstante fortune, reçut enfin au mois de septembre 1877 la récompense de ses longs services et la compensation bien méritée des obstacles qui l'avaient empêchée.

En effet, sur la présentation de M. Brunet, alors ministre des cultes, il fut nommé au canonicat titulaire de Saint-Denis par le maréchal de Mac-Mahon, duc de Magenta, ancien aide-de-camp de l'empereur Napoléon III, alors président de la République ; Ouin-la-Croix était déjà chanoine honoraire de Saint-Denis depuis l'année 1853.

Il reçut à cette occasion de nombreuses marques de sympathie et des lettres remplies de félicitations, parmi lesquelles il convient de remarquer celle de Son Eminence le cardinal Franchi, son ancien condisciple à Rome ; de l'évêque d'Irlande, Mgr Moriarty ; celle de M. Rouher, cette haute capacité politique devant laquelle s'inclinent ses adversaires eux-mêmes. Voici les termes mêmes de cette lettre :

Cher monsieur le Chanoine,

J'ai reçu la veille du jour où paraissait le décret au *Journal offficiel* l'avis du ministère m'annonçant votre nomination au Chapitre de Saint-Denis ; je n'ai donc qu'à me féliciter d'avoir pu contribuer à cette mesure qui est une réparation des tribulations imméritées que vous avez subies depuis le 4 septembre 1870.

Croyez, cher Monsieur le chanoine, à mes sentiments les plus distingués.

*Signé* ROUHER.

Parmi les fonctions si variées auxquelles Ouin-la-Croix avait été successivement appelé à diverses époques de sa vie, aucune ne parut lui convenir mieux que celle de son canonicat de Saint-Denis, lui qui avait constamment aimé et recherché les vieux souvenirs de l'histoire, les belles lignes de l'architecture, les grands monuments du passé ; lui, qui avait écrit l'histoire de l'église monumentale de Saint-Maclou de Rouen, l'histoire de la fameuse basilique de Sainte-Geneviève, l'histoire des anciennes corporations du moyen âge, se trouva dans son véritable élément au sein de l'incomparable abbaye de Saint-Denis, au milieu des plus magnifiques reminiscences de notre passé national, artistique et littéraire.

Ouin-la-Croix habitait à Saint-Denis la rue du Chemin-de-Fer. Bien des fois mes excursions dans la capitale me conduisirent comme malgré moi à son modeste logement, où l'irrésistible attrait de sa fréquentation m'attirait invinciblement.

Que d'heures charmantes et agréables j'ai passées en sa compagnie, et combien de fois nous avons ensemble reparlé du temps où, sous l'uniforme de l'infanterie, je faisais dans la capitale mon volontariat d'un an !

Chaque dimanche, à cette époque, je ne manquais jamais de me rendre à son habitation de la rue d'Ulm, soit seul, soit en compagnie de quelques camarades de caserne ; nous avions à peine tiré l'imposant cordon de sa sonnette, que sa franche et cordiale figure se montrait dans l'entrebâillement de la porte. Nous avions à peine le temps de lui serrer la main, qu'il avait déjà disposé sur le guéridon de son salon de quoi boire et de quoi manger, nos estomacs de soldat s'accommodaient fort de la chose, et cela à la grande satisfaction du maître de céans.

Nature essentiellement bonne, sa simplicité et son bon cœur lui avaient attiré l'affection de ses inférieurs et de ses égaux, et les hommes éminents de son époque avaient en haute considération l'écrivain et le savant que les événements politiques ont arrêté dans son essor à la conquête d'un brillant avenir.

Mes promenades avec lui dans Paris étaient autant de leçons précieuses et intéressantes d'histoire ancienne et moderne; pas un monument en splendeur ou en ruine dont il ne connût l'histoire des profondeurs au sommet.

Homme intelligent et chrétien convaincu, il savait allier avec esprit aux exigences du caractère sacré dont il était revêtu les obligations du monde.

Que de plaisir nous avons eu, que d'instants charmants nous avons passés dans sa propriété de famille où il nous réunissait chaque année.

D'aussi loin qu'il reconnaissait l'allure plus ou moins rapide de nos véhicules, son bras s'agitait, impatient de nous serrer amicalement et avec tout son cœur sur sa puissante poitrine.

..... Puis l'heure du dîner arrivé, on se mettait vite à table, car le maître du logis était la ponctualité incarnée; malheur au retardataire que ses occupations ou un malencontreux hasard avait empêché, il était certain à son arrivée d'être, dès la porte, salué de la belle façon pour son inexactitude.

C'est là qu'il aimait, au milieu de tous les souvenirs historiques dont le salon était orné, à nous parler de Saint-Denis, sa sûre et dernière retraite où il se reposait depuis un an seulement de ses fatigues passées ; sa nomination au canonicat de Saint-Denis, outre qu'elle lui assurait des facilités d'existence, le plaçait dans un centre où l'*historien* était à même de se revéler de nouveau. Par son style et ses souvenirs historiques, l'antique ossuaire des rois de France avait souvent attiré son attention. Déjà il avait jeté les plans d'un important ouvrage lorsqu'il ressentit les premières atteintes d'une maladie incurable, dont il avait analysé, avec sa froide énergie, les fatales et inévitables conséquences.

Cependant son vieux père s'affaiblissait de plus en plus, et ne descendait plus de son lit, il s'épuisait journellement, et le matin du 29 janvier 1879, il s'éteignait comme une lampe privée d'huile.

Né le 9 février 1791, il fut enterré le 1er février 1879, accomplissant sa quatre-vingt-huitième année. Ouin-la-Croix en reçut la triste nouvelle à Saint-Denis, il partit aussitôt par le train rapide et arriva le même jour à Manneville pour rendre à son vieux père les derniers devoirs de respect filial.

Hélas ! la même année devait voir disparaître, dans les serres de la mort, le père et le fils. Ouin-la-Croix, à qui sa robuste constitution et la longue

carrière de son père, tout récemment achevée, semblaient devoir assurer encore de nombreuses années
d'existence, comprit qu'il était gravement atteint.
Frappé du reste par cette idée fixe que la science
était impuissante à enrayer le mouvement de toute
aggravation, il essayait sans avoir confiance. Les
consultations les plus éclairées lui furent données,
sans lui procurer d'espoir... et alors... fatigué du
du séjour de la ville, il voulut revenir à son pays natal où le calme et la tranquillité devaient, semblait-il,
adoucir ses douleurs. Manneville lui semblait au
loin le rayon d'espérance ; il augurait bien de son
séjour dans ce gracieux village, que ses soins
avaient fait, où l'air salubre de la mer et de la
campagne, joint à l'aspect de régions affectionnées
et de parents qui lui étaient chers, devait concourir
à son prompt rétablissement. A peine pourtant y
eût-il séjourné quelque temps, qu'il voulut au plus
vite regagner Saint-Denis, où les soins éclairés des
célébrités médicales lui seraient plus facilement
prodigués... Tout était inutile !...

Je pus le voir encore une fois lors de son court
séjour à Manneville. Je le trouvai bien changé ;
sa barbe, qu'il portait entière, était blanchie, ses
traits étaient tirés et marquaient la souffrance, et
pourtant il travaillait. Sur sa table se trouvaient
entassés de volumineux manuscrits, qu'il parcourait
fiévreusement, quelque ouvrage important (peut-
être) perdu pour l'avenir, car nulle part je n'ai
retrouvé trace de ces précieux documents.

.... Et lorsqu'il fut de retour à Saint-Denis des nouvelles de sa santé nous parvenaient de plus en plus mauvaises, nous annonçant chaque jour quelque progrès du mal ; l'homme éminent et instruit, l'écrivain élégant et plein d'érudition était fatalement condamné, et le 14 octobre 1879 il rendait le dernier soupir, loin du berceau paternel, c'est vrai, mais à son poste de Saint-Denis que ses mérites et ses services lui avaient conquis.

Le journal la *Vigie de Dieppe* a publié dans son numéro du 28 octobre 1879 un article sur Ouin-la-Croix, dont voici les termes :

## NÉCROLOGIE.

### M. L'ABBÉ OUIN-LA-CROIX.

Nous recevons de Paris une pénible nouvelle ; un de nos compatriotes, M. l'abbé Ch. Ouin-la-Croix, vient de mourir à Saint-Denis.

La maladie qui l'enlève à l'affection de ses amis, à la sympathique considération de ceux qui le connaissaient, fut contractée l'hiver dernier. Orateur recherché, il avait fait l'an passé, dans plusieurs églises de Paris, une série de conférences très-suivies ; or, c'est au sortir d'une de ces prédications qu'il éprouva les premiers symptômes d'une maladie qui devait le conduire au tombeau.

M. Ouin-la-Croix était né à Manneville-ès-Plains, près Saint-Valery-en-Caux, le 28 novembre 1817. Elève remarquable du petit séminaire du Mont-aux-Malades, ses études terminées il partit pour l'Italie où il fut reçu brillamment docteur en théologie de l'université de Rome ; il fut ordonné prêtre en 1840, puis revint en France.

A son retour il fut nommé vicaire de Saint-Maclou de Rouen. Le souvenir de son aménité et de son caractère est encore resté présent à la mémoire de ceux qui l'ont connu à cette époque. Ecrivain distingué, homme d'un mérite réel, il ne pouvait rester longtemps dans ces modestes fonctions ; il fut bientôt appelé à Paris et nommé secrétaire général de l'aumônerie impériale.

M. Ouin-la-Croix est l'auteur de plusieurs ouvrages historiques d'une valeur incontestable, nous signalerons entre autres son histoire des corporations, *Arts et Métiers de la ville de Rouen* ; c'est une étude sérieuse et savante que les chercheurs aiment à consulter et qui contient de très-précieux renseignements. Nous citerons encore, parmi ses productions, un historique complet du Panthéon français ; on y trouve à chaque page des choses admirables où le savant et l'écrivain de talent se reconnaissent.

Pendant ses jeunes années, M. l'abbé Ouin-la-Croix avait beaucoup voyagé ; il avait rapporté de ses nombreux voyages à travers l'Europe une connaissance approfondie des hommes et des choses.

Il fut pendant de longues années administrateur des fondations irlandaises en France ; il s'acquitta de ses fonctions avec un zèle infatigable jusqu'au moment où, enfermé dans Paris par le siège de 1870, il organisa une ambulance au sein même du collége irlandais. Nous avons été alors les témoins de son dévoûment, et nous savons avec quelle profonde reconnaissance le remerciaient de ses soins désintéressés ceux qui furent reçus dans cet établissement.

La paix venait d'être signée avec l'Allemagne, il allait pouvoir regagner Manneville, son pays natal qu'il aimait tant, il espérait y prendre quelques jours de repos... lorsque tout à coup la Commune surgit.

Il ne put sortir à temps de la capitale ravagée ; une

fois encore il était prisonnier. Autrefois secrétaire de Mgr Darboy, il fut en même temps que lui recherché pour être fusillé ; plus heureux, il put échapper à une mort certaine, grâce au dévoûment de ceux qu'il avait obligés. Dernièrement encore il nous montrait avec son admirable sang-froid la balle communarde qui fut tirée sur son oreiller où on le croyait reposer.

M. Ouin-la-Croix n'a pas oublié en mourant son pays natal, il dote la commune de Manneville d'une maison d'école ; ce modeste monument attestera longtemps encore les bienfaits de cet homme remarquable.

M. Ouin-la-Croix avait su par son mérite et son talent se créer une place au milieu de nos contemporains les plus distingués.

Il était chevalier de l'ordre du Saint-Sépulcre, membre de la Société d'histoire de France, officier de l'instruction publique, chevalier de la Légion-d'Honneur ; il meurt aujourd'hui chanoine titulaire de Saint-Denis.

Il tirait de la croix son nom et son honneur, aussi avait-il pour devise : *De cruce nomen et honos.*

Quelques jours après, Ouin-la-Croix, suivant sa volonté, était inhumé dans son village natal, au milieu des regrets sympathiques de sa famille et de ses compatriotes que ses bienfaits et ses sacrifices avaient laissés reconnaissants. Il repose maintenant en paix à l'abri de toutes les vicissitudes de la vie, à l'ombre protectrice de sa maison tant aimée, sur laquelle le souvenir de sa grande figure a laissé l'empreinte d'un cachet remarquable.

Rouen. — Imp. Ch.-F. Lapierre.

# DU MÊME AUTEUR

*Souvenirs et Impressions d'une Année militaire
au 117<sup>me</sup> de Ligne.*

———

*Poésies — 1878.*

ROUEN — IMPRIMERIE CH.-F. LAPIERRE

www.ingramcontent.com/pod-product-compliance
Ingram Content Group UK Ltd.
Pitfield, Milton Keynes, MK11 3LW, UK
UKHW020037100726
13658UKWH00003B/1387